Fiche **philosophe**

Par Dominique Coutant-Defer

Hegel

lePetitPhilosophe.fr

HEGEL

- **Né en 1770 à Stuttgart**
- **Décédé en 1831 à Berlin**
- **Quelques-unes de ses œuvres :**
    - *La Phénoménologie de l'esprit* (1807)
    - *Encyclopédie des sciences philosophiques* (1817)
    - *Principes de la philosophie du droit* (1821)

Georg Wilhelm Friedrich Hegel s'attache à **compléter et** à **transformer l'héritage philosophique de ses prédécesseurs**. Sa pensée métaphysique et esthétique, par exemple, englobe et dépasse celle de Platon et de Kant. Mais sa réflexion porte également sur l'histoire puisqu'il s'intéresse à la Révolution française, à la période napoléonienne et au monde industriel. Dans un **XIXe siècle** en plein bouleversement, Hegel entend **être la conscience de son temps** et le **théoricien de la rupture historique** qu'il voit s'accomplir, assignant à la philosophie la tâche de comprendre ce qui est.

Hegel apparait très vite, de son vivant, comme un philosophe au prestige immense, entouré de nombreux disciples et auditeurs. Élevé au rang de véritable **penseur d'État**, il acquiert une grande autorité.

BIOGRAPHIE

UNE JEUNESSE IMPRÉGNÉE DE RELIGION

Georg Wilhelm Friedrich Hegel est **né en 1770** dans le Sud de l'Allemagne, dans une famille de moyenne bourgeoisie. Il entre à dix-huit ans au **séminaire protestant** de Tübingen, où il étudie **la théologie**, mais aussi **la philosophie, le latin et le grec**. Il y rencontre le poète Hölderlin (1770-1843) et le philosophe Schelling (1775-1854), avec lesquels il se lie d'amitié. Ensemble, ils s'enthousiasment pour la Révolution française (1789). Tout d'abord orientée essentiellement vers la religion, la réflexion du jeune Hegel se tourne alors de plus en plus vers **l'histoire**. En 1790, il obtient son diplôme de philosophie puis, trois ans plus tard, celui de théologie. Mais il n'est pas attiré par la carrière de pasteur et se dirige vers l'enseignement.

BON À SAVOIR

Le **protestantisme** désigne un ensemble de doctrines chrétiennes issues de la Réforme protestante au XVIe siècle et qui s'opposent au catholicisme dominant. Ces doctrines se distinguent notamment du catholicisme par leur refus d'une lecture dogmatique des Écritures et par la place laissée à l'interprétation individuelle. De plus, alors que les catholiques croient à la grâce accordée à tous pour la rédemption des péchés, les protestants insistent sur la notion de prédestination et croient au péché originel, dont seule la pratique d'une foi ardente peut sauver les fidèles.

L'ENSEIGNEMENT ET LES PREMIERS ÉCRITS

En **1793**, il devient **précepteur à Berne puis à Francfort**, à partir de 1797. Il médite alors sur le christianisme, et écrit notamment une *Vie de Jésus* (1795), une *Critique de l'idée de religion positive* (1795-1796) et un fragment sur *L'Esprit du christianisme et son destin*. Mais il traverse **une crise philosophique** : il se rend compte de l'impossibilité de retrouver l'harmonie de la cité grecque dans les civilisations européennes de son temps.

En **1801**, suite à la mort de son père, il se consacre entièrement à la philosophie et devient *Privatdocent* (enseignant libre) à **l'université d'Iéna**, où il retrouve son ami Schelling. Il ne touche pas de traitement et c'est Goethe (1749-1832) qui intervient pour qu'il perçoive un salaire annuel, d'autant plus qu'Hegel doit subvenir aux besoins d'un fils naturel. Le philosophe **enseigne à ses étudiants la pensée de Schelling**, grand représentant de l'idéalisme allemand proche du romantisme, **ainsi que celle de Fichte** (1762-1814), davantage tournée vers les rapports du moi avec le monde extérieur et l'histoire.

Hegel fonde avec Schelling le ***Journal critique de philosophie*** (1802-1803), dans lequel paraissent ses **premières publications** : *La Différence des systèmes philosophiques de Fichte et de Schelling, L'Essence de la critique philosophique* ou encore *La Philosophie et le Sens commun*. C'est également à cette époque qu'il rédige *La Constitution de l'Allemagne*, *Le Droit naturel* et la *Logique d'Iéna*, qui seront publiés de manière posthume.

Il nourrit par ailleurs une nouvelle **passion pour l'empereur français Napoléon Bonaparte** (1769-1821), qu'il considère comme « l'âme du monde ». Il consacre d'ailleurs, en **1807**, un livre à son engouement pour l'histoire et l'actualité : *La Phénoménologie de l'esprit*, qui aura des répercussions considérables. La légende veut que cet ouvrage capital ait été achevé lors des batailles consécutives à l'arrivée des troupes napoléoniennes dans la ville d'Iéna. Dans la préface de l'ouvrage, la **rupture de Hegel avec Schelling** est consacrée.

La guerre franco-allemande interrompt les activités universitaires et Hegel part alors pour **Bamberg** où il devient **directeur d'un petit journal entre 1807 et 1808**. L'année suivante, nommé professeur puis **directeur du lycée de Nuremberg**, il expose ses vues en matière d'enseignement secondaire et publie ses notes de cours en **1812** dans *La Propédeutique philosophique*, qui couvre les années 1809-1816. C'est également durant cette époque qu'il rédige *La Science de la logique*, ouvrage publié en trois volumes entre 1812 et 1816.

posant ainsi les fondements de la France moderne, puis il impose son pouvoir à l'Europe entière en menant une politique de conquête.

En 1816, nommé professeur titulaire à la chaire de philosophie de **l'université d'Heidelberg**, il écrit l'*Encyclopédie des sciences philosophiques*, exposé systématique de sa doctrine publié en **1817**. Ce n'est qu'à partir de ce moment que commence véritablement sa carrière universitaire.

LA CARRIÈRE UNIVERSITAIRE ET LA CONSÉCRATION

Appelé en **1818** à la chaire de philosophie de **Berlin**, où **il succède à Fichte**, Hegel apparait désormais comme un philosophe au **prestige immense**, entouré de nombreux auditeurs et disciples. Il **enseigne désormais sa propre pensée** et approfondit son Encyclopédie. Sa philosophie se propage alors dans toute la Prusse. Il acquiert pouvoir et puissance, et **voyage beaucoup** en Europe.

C'est durant cette période qu'il rédige et qu'il met en forme ses cours sur le droit : *Principes de la philosophie du droit* (1821). Son enseignement touche à des domaines divers – esthétique, philosophie de la religion ou de l'histoire – à propos desquels il écrira plusieurs traités publiés par ses disciples après sa mort.

En 1831, une épidémie de choléra décime l'Europe et Hegel y succombe la même année.

CONTEXTE PHILOSOPHIQUE

Platon

Hegel, imprégné de culture gréco-latine, reprend à son compte **le concept fondamental de l'Idée platonicienne**, mais il l'introduit dans son œuvre en lui donnant un sens nouveau. Platon (427-347 av. J.-C.) place sa théorie des Idées au centre de sa doctrine : le philosophe grec fait des Idées la base de toute connaissance. Les Idées (le Beau, le Bien, le Juste, etc.) sont des formes éternelles, immobiles et immuables, appartenant au monde intelligible, qui constituent les modèles des objets du monde sensible. Celui-ci se caractérise quant à lui par le changement, le mouvement et le particulier. Tandis que le monde sensible s'appréhende par les sens, inversement, l'Idée n'est accessible que par l'esprit, qui s'élève jusqu'à elle, accédant ainsi à la véritable connaissance.

Pour Hegel, **l'Idée n'est pas une représentation subjective**, mais s'extériorise dans la nature, dans le monde des hommes et dans l'histoire : bref, **elle est partout**. L'homme peut ainsi l'appréhender au moyen de sa conscience qui chemine dans tous les domaines traversés par l'Idée, qui se donne comme objet de connaissance. L'esprit fait donc preuve d'un véritable dynamisme qui s'exerce sur la réalité elle-même. En raison de cette conception, on a pu qualifier la philosophie hégélienne d'idéaliste.

Kant

Le philosophe allemand est également marqué par une pensée plus proche de lui dans le temps, celle d'Emmanuel Kant (1724-1804), qu'il tente de dépasser. En effet, il juge la philosophie kantienne **trop formaliste, en particulier dans sa distinction du phénomène** (défini comme tout ce qui apparait à un sujet conscient et qui peut être objet d'expérience) **et du noumène** (mot introduit par Kant pour désigner des idées régulatrices telles que la liberté, Dieu, etc. qui ne se trouvent pas dans le champ de l'expérience, mais qui lui donne du sens). Pour Kant, la raison humaine ne peut atteindre et connaitre que les phénomènes, les noumènes en appelant à notre foi. Cependant, **Hegel tente d'annuler cette opposition**, en réduisant le phénomène au noumène et en faisant de celui-ci un objet de connaissance.

Schelling

Hegel critique également la philosophie de Schelling, bien

qu'il ait côtoyé ce dernier et enseigné sa philosophie. Il lui reproche la **trop grande importance accordée au sentiment et à l'intuition** (deux éléments mis en avant dans le courant romantique dont Schelling fut proche) **dans le processus de connaissance**. Hegel préfère, pour échafauder une théorie philosophique, recourir à des concepts plus rigoureux que ceux de Schelling, trop teintés de mysticisme, selon lui. Il dira de la pensée de Schelling qu'elle ressemble « à un coup de pistolet sur un troupeau de vaches noires dans la nuit », soulignant ainsi son caractère inopérant.

Fichte

Lorsqu'il s'éloigne de Schelling, Hegel se rapproche de Fichte. Celui-ci, disciple de Kant dans un premier temps, rejette ensuite le concept de noumène et développe une **philosophie du moi** ayant pour principe l'intuition que l'esprit a de son unité. Selon lui, le moi, tout d'abord, entre en conflit avec le monde extérieur, conçu comme non-moi, puis dépasse ces contradictions par la force de sa volonté et s'impose. Cette **notion de dynamisme** exercera une grande influence sur la philosophie hégélienne. De plus, Hegel partagera avec Fichte son **admiration pour la Révolution française** et les idéaux qu'elle défend.

LA PRISE EN COMPTE DE L'HISTOIRE

Hegel ne se borne pas à compléter et à métamorphoser le legs philosophique et métaphysique de ses prédécesseurs et contemporains. Il cherche aussi et surtout à comprendre le monde qui l'entoure. En ce sens, **les évènements historiques de son époque nourrissent sa réflexion**. Il est, par exemple, **fasciné par la Révolution française**, qui éclate pendant sa jeunesse. Il étudie par la suite cette période historique qu'il considère comme un moment-clé de l'histoire : pour la première fois, selon lui, les hommes ont tenté de réaliser l'idéal de liberté, de morale et de raison qui fonde selon lui l'avènement de l'État moderne. Malheureusement, par manque d'organisation politique et de sens historique, la Révolution a échoué et s'est terminée par la dictature de la Terreur (régime instauré en 1793 et marqué par d'importants massacres).

Hegel est également **contemporain de l'empereur Napoléon** qu'il a aperçu partant en reconnaissance lors de la bataille d'Iéna, alors que le philosophe enseignait dans cette ville. Les combats qui ont lieu le 14 octobre 1806 à Iéna se soldent par la victoire totale des Français sur les Prussiens. Hegel considère cette bataille ainsi que chaque avancée de la grande armée napoléonienne comme autant d'étapes vers un **nouvel ordre militaire et juridique en Europe**. L'empereur français sert, selon Hegel, le droit et la raison.

UNE DESTINÉE POSTHUME CONTRASTÉE

La **mort de Hegel** suscite de vives réactions. En effet, le philosophe a formé quantité de disciples qui se scindent alors en **plusieurs groupes d'obédiences différentes**. Le philosophe français Maurice Merleau-Ponty (1908-1961) proclame, en 1946, que « Hegel est **à l'origine de tout ce qui s'est fait de grand en philosophie** depuis un siècle », malgré l'opposition de nombreux penseurs français qui, tout en admirant Hegel, ne le comprennent pas vraiment et ne voient en lui qu'un chantre du nationalisme (théorie politique qui promeut l'intérêt national par rapport aux intérêts des différents groupes qui composent la nation ou des autres nations) et de l'étatisme (théorie politique qui prône l'intervention de l'État dans le secteur socioéconomique). Pourtant, on ne peut nier, entre autres, l'**influence directe de Hegel sur le marxisme**, de par l'attention portée par le philosophe aux notions de travail et d'industrie, et à cause de sa célèbre théorie du maitre et de l'esclave. « Pour comprendre Marx, il faut avoir compris Hegel », disait Lénine (1870-1924).

Un **renouveau de la lecture de l'édifice philosophique de Hegel** se produit dans les **années 1930**, avec les cours donnés au sujet du penseur par Alexandre Kojève (1902-1968) à l'École pratique des Hautes études de Paris. **Quantité d'interprétations** en ressortent : on voit alors en Hegel tantôt un métaphysicien génial, tantôt un théologien égaré ou un défenseur de l'athéisme, tantôt un grand humaniste ou un théoricien éclairé de l'esthétique. Tout le monde s'accorde cependant pour reconnaitre la **coloration tragique et passionnelle de sa pensée**, ainsi que l'imperturbable **logique de son système**.

Par ailleurs, la **complexité de la langue** philosophique de Hegel, qualifiée d'abstraite et austère, rend ses **textes difficiles d'accès** pour les non-philosophes. « Hegel met les mots, le lecteur doit trouver le sens… », a dit Arthur Schopenhauer (1788-1860). Il n'empêche que Hegel occupe une **place capitale dans l'histoire de la philosophie**, aux côtés de grands penseurs comme Platon ou Kant.

PENSÉE ET APPORT

Aux yeux d'Hegel, la philosophie est une entreprise de compréhension : **le rôle du philosophe est de comprendre**, non de juger du bien ou du mal, d'élaborer des idéaux, etc. De plus, en comprenant, le philosophe réconcilie les choses dans le sens où il les aborde dans leur totalité.

La pensée de Hegel, qui se présente sous une forme circulaire, consiste en **un système incluant tous les savoirs et couvrant tous les domaines philosophiques** : métaphysique, art, religion, nature, histoire, morale et politique, chaque domaine formant un cercle déterminé de la connaissance qui constitue « le fondement d'une sphère ultérieure ». Ce système est présenté comme **une « phénoménologie de l'esprit »**, processus par lequel l'esprit passe de la sensation individuelle à l'Idée absolue, autrement dit itinéraire de la conscience depuis les formes les plus immédiates et les plus simples, jusqu'aux formes spirituelles les plus élevées, comme la philosophie, la religion, l'art, etc. Cette notion a d'ailleurs donné son titre à l'un des ouvrages majeurs de Hegel. Aussi cette **progression de la vérité dans (et par) l'esprit** s'effectue-t-elle **de manière dynamique, dialectique**, par un jeu de contradictions surmontées.

BON À SAVOIR

La **dialectique** désigne, dans l'Antiquité grecque, l'art de dialoguer de manière à atteindre le vrai par le biais de questions-réponses. Elle est développée essentiellement par Platon dans ses dialogues qui mettent en scène la dialectique socratique (de Socrate, 470-399 av. J.-C.). Au sens large, la dialectique désigne une interaction dynamique entre des éléments opposés pour tenter de parvenir à la vérité. Ce concept sera repris par Hegel, qui lui donnera toutefois une forme particulière.

LA RAISON ET L'IDÉE AU FONDEMENT DU SYSTÈME HÉGÉLIEN

Contre l'irrationalisme et l'imagination

Selon Hegel, **la philosophie doit acquérir un statut scientifique**. Pour ce faire, il faut qu'elle forme un ensemble organisé, cohérent et rigoureux. Dès lors, dans sa recherche de la vérité et son amour du savoir, le philosophe qui bâtit un système doit, selon lui, **s'appuyer sur la raison**. En cela, Hegel critique les penseurs romantiques, comme Schelling, qui valorisent l'intuition et le sentiment, préférant le savoir direct et immédiat, sans intermédiaire, à la rigueur du concept, qui seul peut ériger la philosophie en science selon Hegel.

L'imagination est également mise à mal : elle ne produit, selon Hegel, que des représentations fantasmagoriques qui doivent être conservées « dans la nuit de l'esprit », demeurer inconscientes, et qui n'ont pas à être exposées comme objets de connaissance. Pour Hegel, l'homme est dans cette nuit, dans ce néant, jusqu'à ce qu'il accède au stade de l'esprit, conçu comme une pensée qui se clarifie progressivement.

L'Idée au cœur de la réalité concrète

Hegel est un penseur idéaliste, mais il s'attache en même temps à ce qui existe de plus concret, ce qui peut à priori sembler paradoxal. En réalité, il rejette l'opposition entre

- d'une part ce qui relève de l'Idée, de la pensée, de la spiritualité ;
- d'autre part ce qui relève de la réalité concrète, de l'être, du matériel.

Selon lui, l'Idée ne constitue pas une simple construction de l'esprit ni un modèle idéal qui permet à l'homme de se représenter le réel : **l'Idée est au cœur des choses, elle est la vie même des choses, elle est présente dans toutes les formes de la réalité, tant naturelle que spirituelle**. En d'autres termes, elle se trouve en chaque chose, elle s'extériorise dans tous les objets du monde, et tout ce qui existe résulte de son développement (<u>citation 1</u>). En ce sens, **elle s'assimile à Dieu**.

Le déploiement de l'Idée

D'abord inconsciente, **l'Idée tend à devenir consciente après que l'homme soit passé par le stade de la conscience de soi** :

- ce dernier le conduit à la conscience de son opposition au monde ;
- puis à la conscience de soi dans le monde et de son interaction avec ce dernier.

Il devient alors sujet connaissant. Mais ce processus de prise de conscience, à la fois individuel et collectif, est progressif et s'inscrit dans l'histoire humaine : l'humanité passe par différents stades de conscience pour accéder, finalement, à la forme la plus pure de l'esprit, que Hegel nomme « l'esprit absolu ». Celui-ci se réalise pleinement dans l'art, la religion et la philosophie. L'esprit absolu désigne l'esprit parvenu à sa plus grande réalisation.

Hegel envisage donc l'homme comme un individu tout d'abord immergé dans la nature, dans la réalité dont il fait partie ; confrontée à cette réalité, sa conscience cherche dans un deuxième temps à se l'approprier. Cela suppose **un véritable parcours initiatique de l'esprit** (l'Idée ne se donne pas d'emblée, elle se conquiert) **d'où le philosophe n'exclut pas la passion**. Celle-ci était jusqu'alors envisagée par toute la tradition philosophique classique (Platon, Descartes, Kant) comme passivité, servitude et esclavage par rapport au corps, et comme frein à la connaissance. Hegel la considère au contraire comme **une énergie créatrice** (<u>citation 2</u>). Il rejoint ainsi, malgré sa critique de ce mouvement, un des grands thèmes romantiques.

Le mouvement dialectique

Plus précisément, **l'appropriation de l'Idée par la pensée s'effectue de manière dialectique, par un jeu de contradictions surmontées** :

- la conscience passe de l'affirmation d'une thèse à sa négation (antithèse),
- puis de sa négation à la négation de la négation (synthèse).

L'Idée s'acquiert ainsi par les dépassements successifs des contradictions. Dépasser, c'est nier, mais en conservant, sans anéantir. Par exemple, la fleur nie le bouton, mais en même temps elle le conserve, puisqu'elle en est le prolongement. De même, le fruit nie la fleur tout en la conservant. Chaque terme est simultanément nié et intégré. Tout ce qui est possède donc trois aspects ou trois moments logiques, où la contradiction joue un rôle essentiel et créateur. Ainsi, selon Hegel, toute réalité est un jeu de contradictions : mort/vie, être/néant, etc.

La conscience devient malheureuse quand elle franchit le stade douloureux de la contradiction, considéré comme « l'absolu déchirement » qui fait craindre la mort, mais elle peut conquérir sa vérité à condition d'accepter la contradiction et de parvenir à la surmonter.

Le problème de l'autre

La question de la conscience à l'œuvre dans le processus d'appréhension de l'Idée pose nécessairement le problème de la conscience de l'autre. Celui-ci est entendu au sens large de tout ce qui n'est pas la conscience de l'individu, c'est-à-dire l'ensemble du monde sensible.

Selon Hegel, **chaque conscience individuelle veut s'approprier l'autre par le biais d'un désir actif**. Désirer quelque chose, c'est vouloir le **transformer par son action, notamment par le travail**, qui cherche à s'approprier la nature en la transformant. Il est à noter que la notion hégélienne de travail, envisagé comme une manifestation de l'esprit désirant, aura des répercussions considérables au

XIXe siècle, en particulier sur la pensée marxiste.

Le désir de transformation vise également autrui, c'est-à-dire « l'autre individu qui n'est pas moi », dans le sens où chaque conscience individuelle veut qu'une autre conscience la reconnaisse comme conscience (<u>citation 3</u>). Plus précisément, **chacun veut dominer autrui pour être reconnu par lui** et les consciences s'affrontent alors dans une **lutte à mort** (à prendre au sens symbolique) au terme de laquelle :

- **l'une des deux consciences accepte de risquer sa vie pour être reconnue** comme « conscience de soi », complètement détachée de la vie biologique. C'est **la conscience du maitre** ;
- **l'autre conscience, au contraire, ressent la peur de la mort, et préfère vivre soumise** et rester attachée à son existence purement biologique en renonçant à l'aventure de l'esprit. C'est **la conscience de l'esclave**.

Ainsi le maitre ne sera plus soumis au travail, qu'il aura déjà effectué en s'appropriant l'esclave, et dorénavant, celui-ci travaillera pour lui. Cependant, selon Hegel, le véritable porteur de la continuation de l'histoire et du devenir n'est pas le maitre. En effet, **l'esclave se libère par le travail** tandis que le maitre, n'ayant plus de rapport avec la nature que par l'intermédiaire de l'esclave, n'a plus la possibilité d'imposer à cette dernière la forme qu'il désire. Le maitre n'a donc plus qu'à jouir de la nature sans la transformer, ce qui l'amène à se comporter à nouveau en animal. Dès lors, **les rôles s'inversent** : le maitre devient l'esclave de l'esclave et l'esclave devient le maitre du maitre.

Hegel montre ainsi que **la conscience de soi passe par autrui** :

- si le maitre est conscience de soi, il ne l'est que parce qu'autrui l'a reconnu comme tel ;
- quant à l'esclave, il a éprouvé sa disparition possible et la fragilité de son existence. Lui aussi a donc pris conscience de lui-même.

LA CONCEPTION HÉGÉLIENNE DE L'HISTOIRE

La raison gouverne le monde

L'histoire, qui apparait généralement comme le récit de faits historiques, prend chez Hegel une tournure plus objective et donne naissance à une conception proprement philosophique : le penseur conçoit **une histoire totale qui**, loin de se ramener à un ensemble d'évènements chaotiques, **possèderait un sens et une logique internes**.

Plus précisément, Hegel suppose que **l'Idée ou la raison** (puisque l'Idée peut être appréhendée par la raison) **gouverne le monde** et que, par conséquent, **le devenir historique est rationnel** (citation 4). Dans cette perspective, l'histoire universelle est donc la manifestation de la raison, conçue non pas comme principe purement individuel, mais comme puissance spirituelle immanente à l'univers.

Le rôle des grands hommes

Pour parvenir à ses fins, **la raison se sert habilement des hommes, utilisant comme instruments les passions et les intérêts humains**. C'est ce que Hegel appelle « la ruse de la raison » (citation 5). Ainsi, César ou Napoléon ne réalisent pas leur ambition propre et ne servent pas uniquement leur intérêt personnel, **ils sont les chargés de mission du principe rationnel en marche**. La nouvelle situation du monde qu'ils créent et les actes qu'ils accomplissent servent en fait le développement de l'Idée et donnent son sens à l'histoire, font d'elle ce qu'elle doit être. Hegel est ainsi persuadé que les individus « historiques » connaissent la vérité de leur monde et de leur temps, et que les transformations qu'ils opèrent servent un développement historique global.

C'est donc dans une perspective essentiellement historique qu'il faut comprendre l'homme et son action dans le monde. Par opposition à l'existence biologique de l'animal, la culture humaine est une longue conquête pour s'approprier l'Idée, qui n'est pas donnée d'emblée et nécessite de passer par différents stades dont celui, douloureux, de la contradiction.

L'État hégélien

À la lumière de ces analyses historiques, l'essence de **l'État hégélien** se dégage : ce dernier représente précisément **le lieu où l'individu se trouve intégré à l'universel et réalise son être rationnel**, au lieu d'être livré à l'arbitraire subjectif (citation 6). En effet, grâce aux valeurs morales qu'il véhicule et à ses institutions juridiques, l'État permet à l'homme de dépasser ses intérêts particuliers, en l'élevant au niveau de la raison et de l'universel : l'individu ne considère pas uniquement ce qui est bien pour lui-même ou pour sa communauté, mais également ce qui est bien pour tout homme, autrement dit le bien universel.

L'État se dresse en face des sphères privées (comme la famille, par exemple), constituant une puissance plus élevée et nécessaire : il garantit les droits des individus (protection de la personne et des biens), tout en leur assignant des devoirs, qui rejoignent le but final universel de l'État. Celui-ci constitue un vaste ensemble dont l'individu doit être fier d'être membre.

LA RÉFLEXION ESTHÉTIQUE

Le beau naturel et le beau artistique

Étant immanente à chaque objet du monde, **l'Idée constitue également un concept central de l'esthétique** (terme apparu au XVIIIe siècle et désignant la science du beau, même si les premières réflexions à ce sujet remontent à Platon) d'Hegel, c'est-à-dire de ses réflexions sur le beau et la création artistique.

Hegel exclut du champ de l'esthétique le beau dans la nature. Parler de « belles » couleurs, de « beau » ciel, de « beaux animaux » ou de « beaux hommes » ne convient pas à sa réflexion. En effet, il soutient que **le beau artistique est d'un statut plus élevé**, car il s'agit d'une **beauté construite par l'esprit** qui, selon lui, sera toujours supérieur à la nature (citation 7).

L'art comme imitation versus l'art comme manifestation spirituelle

L'opinion la plus courante qu'on se fait de l'art est qu'il consiste à imiter la nature. Elle est héritée de **Platon et d'Aristote** (384-322 av. J.-C.), qui **ne voyaient dans l'art**

qu'une copie des apparences sensibles (plus précisément, pour Platon, une copie de copie, puisque le monde sensible lui-même n'est selon lui qu'une copie du monde des Idées). Pour cette raison, ils le méprisaient et le considéraient comme une illusion bien éloignée de la vérité.

Selon Hegel, **la création artistique doit être considérée**, non comme imitation du sensible, mais **comme manifestation spirituelle**, dont la représentation implique toutefois l'apparence. Le but de l'artiste est de former une pensée à partir du monde extérieur, puis de la représenter dans son œuvre. En d'autres termes, l'art doit exprimer l'esprit. Dès lors, **le beau né de la création artistique est une manifestation sensible, concrète, de l'Idée** (citation 8).

LA CONCEPTION DE LA PHILOSOPHIE ET DE LA RELIGION

La religion, entre l'art et la philosophie

Si l'art utilise un support sensible pour exprimer l'Idée, **dans le domaine religieux, l'Idée s'exprime** à un stade en quelque sorte supérieur : elle n'est pas exprimée par le biais d'un support concret, mais **au travers de représentations abstraites de la divinité** (mythes, histoire sacrée), baignées de sentiment et accessibles à la conscience populaire. La vérité s'y dévoile de manière préconceptuelle : elle a encore besoin de supports, mais ceux-ci ne sont plus matériels.

La philosophie, quant à elle, **exprime l'Idée sans aucun support, à l'aide de concepts purs** qui se suffisent à eux-mêmes. Elle constitue en ce sens, selon Hegel, la forme supérieure de pensée.

La religion, qui s'adresse à tous et est le premier facteur de cohésion parmi les hommes, ne suppose pas une démarche intellectuelle trop difficile : elle s'appuie uniquement sur de simples images de la divinité qui changent selon les religions. Hegel critique cet aspect de la religion qui la fait selon lui dégénérer en simple dévotion ou religiosité naïve.

Les différentes religions

Le philosophe établit cependant **une hiérarchie entre les religions** qui correspond au développement progressif de l'Idée au cours des âges :

- il évoque tout d'abord, en bas de l'échelle, **les religions animistes**, qui ont constitué la première forme de religion. L'être religieux n'a pas encore conscience de ce qui le distingue de la nature. Par conséquent, il pense que les éléments naturels ont eux aussi une âme. Ceux-ci peuvent alors devenir des fétiches, des totems, auxquels est accordée une dimension sacrée, puisqu'on pense qu'ils contiennent, par exemple, l'âme des ancêtres auxquels les peuples primitifs vouent un culte particulier ;
- puis une **différenciation entre l'homme et la nature** s'opère progressivement. L'homme acquiert une conscience propre, autrement dit l'esprit humain prend son indépendance par rapport aux éléments naturels et, par conséquent, met à distance la divinité. C'est ce que l'on observe dans les religions grecques, par exemple, où les hommes fabriquent des représentations, comme les statues, des divers dieux et créent des mythes à leur

sujet ;

- **le christianisme** qui se propage ensuite **rapproche la religion de la philosophie**, exercice suprême de l'esprit humain, selon Hegel. En effet, **le Dieu unique des chrétiens est esprit** et se confond, dans la philosophie hégélienne, avec l'Idée. Les hommes n'ont plus besoin de représentation divine : le Christ, figure centrale, est le fils de Dieu et parle de « l'Esprit de vérité » qu'il enverra à ses apôtres. En outre, la divinité a perdu une partie de son caractère transcendant et mystérieux, puisque Dieu s'est révélé au travers du Christ ;
- cependant, le christianisme impose des dogmes et des croyances auxquels doivent se conformer les fidèles. Ainsi, pour Hegel, **la philosophie**, qui seule **cherche à comprendre, à rationaliser, à faire accéder l'individu à la conscience de soi**, est donc bien la forme suprême de pensée.

On a donc affaire, avec la philosophie hégélienne, à un **idéalisme absolu** : la pensée de Hegel place en effet **l'Idée au centre de tout le réel** et considère que **tout ce qui est résulte du développement de l'Idée**.

EN RÉSUMÉ

Hegel est un penseur idéaliste pour qui **l'Idée constitue la vie même des choses** : elle se trouve dans tous les objets du monde et tout ce qui existe résulte de son développement.

D'abord inconsciente, l'Idée tend progressivement à devenir consciente au cours de l'histoire. Plus précisément, **la pensée de l'homme s'approprie l'Idée de manière dialectique**, en dépassant successivement les contradictions.

Hegel aborde aussi le problème de la conscience de l'autre, entendu comme tout ce qui n'est pas la conscience de l'individu. Selon lui, **chaque conscience désire s'approprier l'autre**, le transformer par son action. Ce désir vise également autrui, dans le sens où chaque conscience veut qu'une autre conscience la reconnaisse comme telle : **chacun veut dominer autrui pour être reconnu par lui**. Ainsi, la conscience de soi passe par autrui.

Hegel, qui s'est beaucoup intéressé à l'histoire, conçoit une histoire totale qui posséderait un sens et une logique internes : **l'Idée ou la raison gouverne le monde** et, par conséquent, **le devenir historique suit le développement de l'Idée**. Pour parvenir à ses fins, la raison se sert habilement des hommes, utilisant comme instruments les passions et les intérêts humains.

Dans la philosophie hégélienne, **l'Idée constitue également un concept central de l'esthétique** : la création artistique est considérée comme manifestation sensible de l'Idée.

Si l'art utilise un support sensible pour représenter l'Idée, **dans le domaine religieux, l'Idée s'exprime** à un stade supérieur : **au travers de représentations abstraites de la divinité**. Quant à **la philosophie**, elle **exprime l'Idée sans aucun support, à l'aide de concepts purs** qui se suffisent à eux-mêmes. Elle constitue en ce sens la forme supérieure de pensée.

Votre avis nous intéresse !
Laissez un commentaire sur le site de votre librairie en ligne
et partagez vos coups de cœur sur les réseaux sociaux !

POUR ALLER PLUS LOIN

- ADORNO (Théodor W.), *Trois études sur Hegel*, Paris, Payot, 2003.
- CLÉMENT (Elisabeth) *et alii*, *La Philosophie de A à Z*, Paris, Hatier, 2000.
- HEGEL (Georg Wilhelm Friedrich), *Encyclopédie des sciences philosophiques en abrégé*, traduction de Bernard Bourgeois, Paris, Vrin, 2012.
- HEGEL (Georg Wilhelm Friedrich), *Esthétique*, traduction de Charles Bénard, Benoît Timmermans et Paolo Zaccaria, Paris, Le Livre de Poche, 1997.
- HEGEL (Georg Wilhelm Friedrich), *La Phénoménologie de l'esprit*, traduction de Jean-Pierre Lefebvre, Paris, GF-Flammarion, 2012.
- HEGEL (Georg Wilhelm Friedrich), *La Philosophie de l'histoire*, traduction de Christophe Bouton, Paris, Le Livre de Poche, 2009.
- HEGEL (Georg Wilhelm Friedrich), *La Raison dans l'histoire*, traduction d'Éric Blondel, Paris, Hatier, 2012.
- HEGEL (Georg Wilhelm Friedrich), *Principes de la philosophie du droit*, traduction de Jean-Louis Vieillard-Baron, Paris, GF-Flammarion, 1999.
- HEGEL (Georg Wilhelm Friedrich), *Propédeutique philosophique*, traduction de Maurice de Gandillac, Paris, Éditions de Minuit, 1997.
- KERVÉGAN (Jean-François), *Hegel et l'hégélianisme*, Paris, PUF, 2005.
- KOJÈVE (Alexandre), *Introduction à la lecture de Hegel*, Paris, Gallimard, 1980.

- LABARRIÈRE (Jean-Pierre), *Phénoménologie de l'esprit. Hegel*, Paris, Ellipses, 1998.
- LEGRAND (Gérard), *Dictionnaire de philosophie*, Paris, Bordas, 1991.
- MÉDINA (José) *et alii*, *La Philosophie comme débat entre les textes*, Paris, Magnard, 1988.
- RUSS (Jacqueline), *Les Chemins de la philosophie*, Paris, Armand Colin, 1988.
- TINLAND (Olivier), *et alii*, *La Phénoménologie de l'esprit de Hegel à plusieurs voix*, Paris, Ellipses, 2008.

TESTEZ VOS CONNAISSANCES !

ASSOCIEZ CHAQUE CITATION À L'EXPLICA-TION QUI LUI CORRESPOND

Citation 1 : « L'Idée est le vrai, l'éternel, la puissance absolue. Elle se manifeste dans le monde et rien ne s'y manifeste qui ne soit elle, sa majesté et sa magnificence [...]. » (*La Raison dans l'histoire*, Paris, Hatier, 2012)

Citation 2 : « [...] rien de grand dans le monde ne s'est jamais accompli sans passion. » (*La Réalisation de l'esprit dans l'histoire*, appendice à *La Raison dans l'histoire*, Paris, Hatier, 2012, p. 58)

Citation 3 : « En face de l'autre, chacun est absolument pour lui-même et singulier, et il exige, en outre, d'être tel pour l'autre et d'être tenu pour tel par l'autre, d'avoir dans l'autre l'intuition de sa propre liberté comme liberté d'un étant-en-soi, c'est-à-dire d'être reconnu par l'autre. » (*Propédeutique philosophique*, Paris, Éditions de Minuit, 1997, cours 2, subdivision 1, p. 97)

Citation 4 : « La seule idée qu'apporte la philosophie est la simple idée de la Raison — l'idée que la Raison gouverne le monde et que, par conséquent, l'histoire universelle s'est elle aussi déroulée rationnellement. » (*La Raison dans l'histoire*, Paris, Hatier, 2012, chapitre 1)

Citation 5 : « [La raison] laisse agir à sa place les passions, en sorte que c'est seulement le moyen par lequel elle parvient à l'existence. » (*La Raison dans l'histoire*, Paris, Hatier, 2012, chapitre 1)

Citation 6 : « C'est seulement dans l'État que l'homme a une existence rationnelle. » (*La Raison dans l'histoire*, Paris, Hatier, 2012)

Citation 7 : « La mission de l'art est de représenter, sous des formes sensibles, le développement libre de la vie et surtout de l'esprit, en un mot de faire l'extérieur semblable à son idée. » (*Esthétique*, Paris, Le Livre de Poche, 1997, p. 59)

Citation 8 : « Le beau se définit comme la manifestation sensible de l'Idée. » (*Esthétique*, Paris, Le Livre de Poche, 1997)

Explication a : la passion est une énergie créatrice qui pousse les hommes à accomplir de grandes choses.

Explication b : le monde est gouverné par l'Idée ou la raison, ce qui signifie que le déroulement de l'histoire est rationnel.

Explication c : l'État permet à l'homme de dépasser ses intérêts individuels pour accéder à l'universel et se réaliser en tant qu'être rationnel.

Explication d : l'Idée est présente dans toutes les formes de la réalité et tout ce qui est résulte de son développement.

Explication e : la philosophie constitue la forme supérieure de pensée dans le sens où elle exprime l'Idée sans aucun support sensible, comme c'est le cas de l'art par exemple, mais uniquement à l'aide de concepts purs.

Explication f : l'art consiste à représenter la vie de l'esprit.

Explication g : l'appropriation de l'Idée par l'esprit se fait de manière dialectique, c'est-à-dire en surmontant les contradictions du réel.

Explication h : pour parvenir à gouverner le monde, la raison se sert des passions humaines comme d'un moyen.

Explication i : le beau artistique représente l'Idée.

Explication j : chaque conscience individuelle veut qu'une autre conscience la reconnaisse comme telle.

Rendez-vous sur lepetitphilosophe.fr et découvrez :

Plus de 1200 analyses
Claires et synthétiques
Téléchargeables en 30 secondes
À imprimer chez soi

L'éditeur veille à la fiabilité des informations publiées, lesquelles ne pourraient toutefois engager sa responsabilité.

www.lepetitphilosophe.fr

ISBN version numérique : 978-2-8062-4942-5
ISBN version papier : 978-2-8080-0122-9
Dépôt légal : D/2017/12603/506

Conception numérique : Primento,
le partenaire numérique des éditeurs.

Made in the USA
Monee, IL
07 July 2026